FRANCE XXe SIECLE

L'Automne

Dans la même collection :

Le printemps
L'été

A paraître en 2006 :

L'hiver

Couverture : Bacchus, Le Caravage, détail, 1593,
huile sur toile, Galerie des Offices, Florence .
Page 1 : Automne, Georges Barbier, 1926, aquarelle en pochoir,
Archiv. für Kunst und Geschichte, Berlin.

Toutes les illustrations proviennent de AKG-images, Paris

Dépôt légal : octobre 2006
ISBN : 2-915337-37-3

Les saisons de l'art

L'automne

EREME

Personnification de l'automne, détail du sol de la villa de la procession dionysiaque, 150 ap. J.C., mosaïque romaine, Musée Archéologique, El Djem, Tunisie.

La nature

(...) Ecoute donc sa voix : jamais la Divinité même n'a rien tiré du néant. Sans doute la crainte dispose tellement du cœur de l'homme, qu'à l'aspect des phénomènes du ciel et de la terre, dont il ne pouvait pénétrer les causes, il a supposé que la Divinité régissait la nature. Quand nous serons convaincus que rien ne s'est fait de rien, nous connaîtrons la route que nous devons suivre, la source dont tous les corps sont sortis, et comment tous les êtres qui peuplent le monde ont reçu l'existence sans le secours des dieux.

Car si chaque objet était tiré du néant, les êtres pourraient naître sans choix de tous les corps indifféremment, sans germe pour eux destiné ; l'homme pourrait se former au sein des mers ; les poissons et les oiseaux sortiraient des entrailles de la terre ; les troupeaux voltigeraient dans les airs ; les monstres féroces, nés du hasard, se plairaient également dans les lieux habités ou dans les solitudes. Les arbres inconstants offriraient chaque saison des fruits variés ; tous les corps indistinctement produiraient des fruits divers. Enfin, si tous les corps n'étaient point le résultat d'une combinaison qui leur est propre, comment les générations se renouvelleraient-elles avec une régularité invariable ? Mais comme tout est formé avec le secours de germes certains, chaque être n'aborde les champs de la vie qu'au lieu où ces éléments créateurs étaient préparés, et cette force requise par l'analogie des principes, marque les limites des générations et entretient l'ordre immuable de la nature.

Enfin, ne vois-tu pas la rose s'épanouir au printemps, la moisson se dorer au soleil de l'été, la grappe se colorer, rougir dans l'humide automne ? Leurs germes réunis fermentent dans un temps fixe, ils se développent à l'instant qui leur est propice, et la terre, ranimée au retour de la saison, enfante et confie à l'air ses jeunes et tendres nourrissons. Mais si la source des êtres était le néant, ils naîtraient dans des temps indéterminés, dans des saisons ennemies, puisque des éléments dus au hasard ne craindraient pas la lutte des saisons rigoureuses.

Que dis-je ? les corps sortis du néant n'auraient pas besoin pour se développer de la disposition du temps et de leurs germes. Sans avoir traversé l'enfance, l'adulte brillerait tout à coup ; le chêne, à peine sorti du gland, porterait son front dans les nues : tel n'est pas l'ordre de la nature. Résultats d'une combinaison certaine, tous corps s'augmentent par degrés, et conservent en croissant le caractère natif ; on ne peut donc en douter, chaque être se nourrit et se développe selon l'espèce d'éléments qui l'ont formé.

Reconnaissons d'ailleurs que sans les pluies qui fécondent l'année, la terre ne se couvrirait point de ses riantes productions, les animaux seraient donc privés des doux aliments qui leur font conserver et propager la vie. Ah ! loin de refuser des principes élémentaires aux corps, convenons qu'il est des éléments communs à plusieurs êtres ; c'est ainsi que des mots différents que je vous trace se composent quelquefois des mêmes caractères.

Et pourquoi la nature ne peut-elle enfanter des hommes gigantesques, qui de leur pied foulant le lit de l'océan, le traverseraient en dominant ses flots, dont la robuste main déracinerait les montagnes, et dont la vie triompherait d'un grand nombre de siècles, sinon que la nature fixe les éléments et les propriétés des êtres. Non, rien n'est fait de rien, puisque tout corps a besoin pour naître d'un choix de principes qui le développent et le défendent des attaques lorsque, d'un pas faible encore, il s'avance dans les champs de la vie.

Enfin, nous voyons le sol tourmenté devenir plus fécond que le sol inculte, et l'art du laboureur perfectionner les dons de la nature. Le soc, en soulevant les glèbes, excite donc l'énergie des principes élémentaires, et fait surgir les germes que la terre renfermait dans son sein. s'il n'en était ainsi, pourquoi chercherait-on par de pénibles travaux une perfection que tous les objets obtiendraient d'eux-mêmes ?

Révélons une vérité non moins importante ; c'est que la nature en dissolvant les parties élémentaires des corps, ne les anéantit point : car si elles pouvaient être détruites, un rapide instant suffirait à la destruction de chaque objet. L'action lente du temps ne serait pas nécessaire pour troubler l'harmonie de ses parties et pour en briser les liens.

Mais la nature a rendu éternels les agents de sa puissance, et ne permet la dissolution des corps que lorsqu'une force agressive a frappé leur masse et pénétré leur tissu.

Si, en effet, tout ce qui disparaît à nos yeux s'anéantissait, dans quelle source puiserait donc la nature ? Comment toutes les espèces seraient-elles ramenées par Vénus à la lumière de la vie ? Comment la terre se couvrirait-elle chaque saison des fruits qui nourrissent ses hôtes ? Comment les ruisseaux, les fleuves renouvelleraient-ils les flots qu'ils épanchent au sein de l'océan ? Quel serait le foyer enflammé où les âtres pourraient se repaître ? Si la matière était périssable, après avoir fourni à la révolution tant de siècles, sa source serait tarie. Si, au contraire, de toute éternité, elle fournit aux reproductions de la nature, la matière est immortelle, et nul pouvoir ne peut la plonger au néant.
(...)
Lorsque le firmament verse la pluie à grands flots dans le sein maternel de la terre, les arbres verdissent et croissent, leurs rameaux brillants se surchargent de fruits. Ces pluies fécondes fournissent les aliments des hommes et de tous les hôtes de la terre. Nous voyons la jeunesse florissante peupler les joyeuses cités. Tous les bois refleuris retentissent du chant des oiseaux. Les troupeaux, fatigués d'embonpoint, pressent de leur poids les herbes épaissies ; leurs mamelles s'enflent et contiennent à peine les flots d'un lait embaumé, et les jeunes nourrissons, ranimés par ce doux breuvage, essayant leurs forces naissantes, exercent leurs membres délicats sur la molle verdure. En se dérobant à nos yeux, les corps ne sont donc pas anéantis. De leurs débris la nature forme de nouveaux êtres ; elle trouve dans la mort des uns le moyen d'accorder la vie aux autres.
(...)

Lucrèce
De la nature des choses

La traversée de Dionysos, coupe d'Exekias, vers 530 av. J.-C.
céramique grecque, Staatliche Antikensammlung und Glyptothek, Munich.

Le vin qui coule dans ma veine
A noyé mon cœur et l'entraîne
Et je naviguerai le ciel
A bord d'un cœur sans capitaine
Où l'oubli fond comme du miel.
(…)

Catherine Pozzi
Scopolamine

Scène d'initiation de femmes au rite de Dionysos, **détail d'une peinture murale de la Maison des Mystères à Pompéi, vers 60 av. J.-C.**

Renard avec un panier de raisins, mosaïque romaine, vers 536.

Certain Renard Gascon, d'autres disent Normand,
Mourant presque de faim, vit au haut d'une treille
Des Raisins mûrs apparemment,
Et couverts d'une peau vermeille.
Le galant en eût fait volontiers un repas ;
Mais comme il n'y pouvait atteindre :
« Ils sont trop verts, dit-il, et bons pour des goujats. »
Fit-il pas mieux que de se plaindre ?

Jean de La Fontaine

Le Renard et les Raisins

Les Noces de Cana, Giotto di Bondone, détail, 1303, fresque, Chapelle Scrovegni, Padoue.

(…)

IV

Le pauvre songe

Peut-être un Soir m'attend
Où je boirai tranquille
En quelque vieille Ville,
Et mourrai plus content :
Puisque je suis patient !

Si mon mal se résigne,
Si j'ai jamais quelque or,
Choisirai-je le Nord
Ou le Pays des Vignes ?...
– Ah, songer est indigne

Puisque c'est pure perte !
Et si je redeviens
Le voyageur ancien,
Jamais l'auberge verte
Ne peut bien m'être ouverte.

V

Conclusion

Les pigeons qui tremblent dans la prairie,
Le gibier, qui court et qui voit la nuit,
Les bêtes des eaux, la bête asservie,
Les derniers papillons !... ont soif aussi.
(...)

Arthur Rimbaud
Comédie de la soif

Septembre

Calendrier : mois de septembre, détail d'une peinture murale,1484,
Eglise de Blagnot, Côte-d'Or.

C'estoit alors, quand, les chaleurs passees,
Le sale Automne aux cuves va foulant
Le raisin gras dessoubz le pied coulant,
Que mes douleurs furent encommencees.

Le paisan bat ses gerbes amassees,
Et aux caveaux ses bouillans muis roulant,
Et des fruictiers son automne croulant,
Se vange lors des peines advancées.

Seroit ce point un presage donné
Que mon espoir est desjà moissonné ?
Non certes, non ! Mais pour certain je pense,

J'auray, si bien à deviner j'entends,
Si l'on peult rien prognostiquer du temps,
Quelque grand fruict de ma longue esperance.

Etienne de la Boétie
C'estoit alors, quand les chaleurs passees

Chasse aux sangliers, illustration du *Livre de la chasse* de Gaston Phébus, 1407, enluminure, Bibliothèque Nationale, Paris.

Tu le sais, inimitable fraise des bois
Comme un charbon ardent aux doigts de qui te cueille :

Leçons et rires buissonniers
Ne se commandent pas.

Chez le chasseur qui la met en joue
L'automne pense-t-elle susciter l'émoi
Que nous mettent au cœur les plus jeunes mois ?

Blessée à mort, Nature,
Et feignant encor
D'une Ève enfantine la joue
Que fardent non la pudeur mais les confitures
Ta mûre témérité
S'efforce de mériter
La feuille de vigne vierge.

Raymond Radiguet

Automne

Bacchus, Michel-Ange, 1496,
marbre, Musée du Bargello, Florence.

J'aime à voir de beautés la branche déchargée,
A fouler le feuillage étendu par l'effort
D'Automne, sans espoir leur couleur orangée
Me donne pour plaisir l'image de la mort.

Agrippa d'Aubigné

Stances

Marché aux légumes (L'Automne), Ecole hollandaise, 1590,
huile sur toile, Kunsthistorisches Museum, Vienne.

Simone, allons au verger
Avec un panier d'osier.
Nous dirons à nos pommiers,
En entrant dans le verger :
Voici la saison des pommes.
Allons au verger, Simone,
Allons au verger.

Les pommiers sont pleins de guêpes,
Car les pommes sont très mûres :
Il se fait un grand murmure
Autour du vieux doux-aux-vêpes.
Les pommiers sont pleins de pommes,
Allons au verger, Simone,
Allons au verger.

Nous cueillerons la calville,
Le pigeonnet et la reinette,
Et aussi des pommes à cidre
Dont la chair est un peu doucette.
Voici la saison des pommes,
Allons au verger, Simone,
Allons au verger.

Tu auras l'odeur des pommes
Sur ta robe et sur tes mains,
Et tes cheveux seront pleins
Du parfum doux de l'automne.
Les pommiers sont pleins de pommes,
Allons au verger, Simone,
Allons au verger.

Simone, tu seras mon verger
Et mon pommier doux-aux-vêpes.
Simone, écarte les guêpes
De ton cœur et de mon verger.
Voici la saison des guêpes,
Allons au verger, Simone,
Allons au verger.

Rémy de Gourmont
Le verger

Pages précédentes : Allégorie de l'Automne, Pieter Brueghel d.j., 1617
huile sur toile, collection privée.
Bacchus, Peter Paul Rubens, 1638
huile sur bois transposée sur toile, Musée de l'Ermitage, Saint-Petersbourg.

Je suis soumis au Chef du Signe de l'Automne
Partant j'aime les fruits je déteste les fleurs
Je regrette chacun des baisers que je donne
Tel un noyer gaulé dit au vent ses douleurs

Mon Automne éternelle ô ma saison mentale
Les mains des amantes d'antan jonchent ton sol
Une épouse me suit c'est mon ombre fatale
Les colombes ce soir prennent leur dernier vol

Guillaume Apollinaire
Signe

Banquet au cours duquel le vin est bu dans des cruches en terre, illustration des Miracles de la Vierge Marie, 1650, enluminure éthiopienne, British Library, Londres.

A Cana en Galilée
Il y a eu de belles noces
Là était représenté
Ciel et terre et l'entre-ciel

Qui donc est-ce qui se marie ?
La terre et le Saint-Esprit
Terre et terre, arbres de terre
Le Fils signifie l'Esprit.

Terre et terre, terre de vignes
Le vin dans la cave est pris
Sont présents au dîner de noces
Les élus du Paradis
Pour ce qui est du mari

Pour ce qui est de la terre
Les Rois mages sont ici
Et les quatre évangélistes
Les onze prophètes aussi.

Apportez le tombeau neuf
D'où je sortirai un jour
Si vous voulez du vin neuf
Mon Père va vous faire un tour.

Apportez l'eau de la terre
Dit aux gens la Vierge mère
Et videz les aiguières
Maintenant laissez-le faire.

Max Jacob
Noces de Cana

Un canard colvert attaché à la muraille et une bigarade, Jean-Baptiste-Siméon Chardin, 1728, huile sur bois, Musée de la Chasse et de la Nature, Paris.

Il est transi
de pauvreté
        ce matin d'automne

Buson
Haiku

Bhadrapada, mois de la pluie (août-septembre), illustration du poème indien Baramasa de Sant Keshavadas, 1790, gouache sur papier, Prince of Wales Museum, Bombay.

(...)
C'était, il m'en souvient, par une nuit d'automne,
Triste et froide, à peu près semblable à celle-ci ;
Le murmure du vent, de son bruit monotone,
Dans mon cerveau lassé berçait mon noir souci.
J'étais à la fenêtre, attendant ma maîtresse ;
Et, tout en écoutant dans cette obscurité,
Je me sentais dans l'âme une telle détresse ,
Qu'il me vint le soupçon d'une infidélité.
La rue où je logeais était sombre et déserte ;
Quelques ombres passaient, un falot à la main ;
Quand la bise sifflait dans la porte entr'ouverte,
On entendait de loin comme un soupir humain.
Je ne sais, à vrai dire, à quel fâcheux présage
Mon esprit inquiet alors s'abandonna.
Je rappelais en vain un reste de courage,
Et me sentis frémir lorsque l'heure sonna.
Elle ne venait pas. Seul, la tête baissée,
Je regardai longtemps les murs et le chemin, –
Et je ne t'ai pas dit quelle ardeur insensée
Cette inconstante femme allumait en mon sein,
Je n'aimais qu'elle au monde, et vivre un jour sans elle
Me semblait un destin plus affreux que la mort.
Je me souviens pourtant qu'en cette nuit cruelle
Pour briser mon lien je fis un long effort.
Je la nommai cent fois perfide et déloyale,
Je comptais tous les maux qu'elle m'avait causés.
Hélas ! au souvenir de sa beauté fatale,
Quels maux et quels chagrins n'étaient pas apaisés !
(...)

Musset
La nuit d'octobre

庄野

Pages précédentes : L'Automne (Paysage de montagne), Caspar David Friedrich,
1826, sepia sur dessin au crayon, Kunsthalle, Hambourg.
Averse, Ando Hiroshige, 1833, gravure sur bois.

Sanglot, sanglot, pur sanglot !
Fenêtre, où nul ne s'appuie !
Inconsolable enclos,
plein de ma pluie !

C'est le trop tard, le trop tôt
qui de tes formes décident :
tu les habilles, rideau,
robe du vide !

Rainer Maria Rilke
Les Fenêtres IX

Rue de Paris ; temps de pluie,
Gustave Caillebotte, 1877, huile sur toile,
Art Institute, Chicago.

Hampstead, Automne doré, John Atkins Grimshaw, 1880, huile sur carton, Sotheby's.

Où donc est Andely, Andely-le-Petit ? son coteau ? son château ? je les voyais tantôt. Les horizons s'enfuient. La pluie tombe infinie.

Du côté des forêts qui donc réapparaît ? Ce géant, est-ce lui ? Est-ce toi, vieux château qui vas courbant ton dos sous neuf siècles d'ennui ?

La pluie tombe infinie.

Paul Fort
La pluie

La Vigne rouge, Vincent Van Gogh, 1888,
huile sur toile, Musée Pouchkine, Moscou.

Le soleil, pourpre se couche,
L'hirondelle est déjà loin.
Sous les voûtes vespérales
Le vin nouveau danse la ronde ;
Neige tombe au-delà des monts.

Le dernier vert de l'été meurt,
Le chasseur vient de la forêt.
Sous les voûtes vespérales
Le vin nouveau danse la ronde ;
Neige tombe au-delà des monts.

La chauve-souris tourne autour du front,
Un étranger vient en silence.
Sous les voûtes vespérales
Le vin nouveau danse la ronde ;
Neige tombe au-delà des monts.
(...)

Georg Trakl

Le vin nouveau, Deuxième version

Les Saules, Paul Gauguin, 1889,
huile sur toile, Nasionalgalleriet, Oslo.

Dans le silencieux automne
        D'un jour mol et joyeux,
Je t'écoute en fermant les yeux,
        Voisine monotone.

Ces gammes de tes doigts hardis,
        C'était déjà des gammes
Quand n'étaient pas encor des dames
        Mes cousines, jadis ;

Et qu'aux toits noirs de la Rafette,
        Où grince un fer changeant,
Les abeilles d'or et d'argent
        Mettaient l'aurore en fête.

Paul-Jean Toulet

Pages précédentes : Effet d'automne, le noyer, Eragny, Camille Pissaro, 1892, huile sur toile, collection privée.
Nature morte au pot de gingembre, Paul Cézanne, 1890, huile sur toile, Philipps Collection, Washington.

Chair ! ô seul fruit mordu des vergers d'ici-bas,
Fruit amer et sucré qui jutes aux dents seules
Des affamés du seul amour, bouches ou gueules,
Et bon dessert des forts, et leurs joyeux repas,

Amour ! le seul émoi de ceux que n'émeut pas
L'horreur de vivre, Amour qui presses sous tes meules
Les scrupules des libertins et des bégueules
Pour le pain des damnés qu'élisent les sabbats,

Amour, tu m'apparais aussi comme un beau pâtre
Dont rêve la fileuse assise auprès de l'âtre
Les soirs d'hiver dans la chaleur d'un sarment clair,

Et la fileuse c'est la Chair, et l'heure tinte
Où le rêve étreindra la rêveuse, – heure sainte
Ou non ! qu'importe à votre extase, Amour et Chair ?

Paul Verlaine

Luxures

Forêt de bouleaux, Gustav Klimt, 1903,
huile sur toile, Galerie du Belvédère, Vienne.

Au profond de la montagne,
Ecartant et foulant les feuilles d'érable
Le cerf brame ;
Et à l'entendre ainsi,
Ah ! que l'automne m'est lourdement triste !

Sarumaru

Poèmes

Octobre, Karoly Ferenczy, 1903
huile sur toile, Galerie Nationale Hongroise, Budapest.

L'après-midi d'un dimanche je voudrais bien,
Quand il fait chaud et qu'il y a de gros raisins
Dîner chez une vieille fille en une grande
Maison de campagne chaude, fraîche, où l'on tend du linge,
Du linge propre, à des cordes, des liens.
Dans la cour il y aurait des petits poussins,
Qui iraient près du puits – et une jeune fille
Dînerait avec nous deux seuls comme en famille.
Nous ferions un dîner lourd, et le vol-au-vent
Serait sucré avec deux gros pigeons dedans.
Nous prendrions le café tous les trois, et ensuite
Nous plierions notre serviette très vite,
Pour aller voir dans le jardin plein de choux bleus.
La vieille nous laisserait au jardin tous deux.
Nous nous embrasserions longtemps, laissant nos bouches
Rouges collées auprès des coquelicots rouges.
Puis les vêpres sonneraient doucement, alors
Elle et moi nous nous presserions encore plus fort.

Francis Jammes
L'Après-midi

Murnau, paysage automnal, Wassily Kandinsky, 1908,
huile sur carton, Musée d'Art Didrichsen, Helsinki.

L'éclat de la nature est plus haute apparence
Là où le jour prend fin parmi beaucoup de joies,
Et de même l'année s'achève avec splendeur
Où s'unissent des fruits en joyeux éclat.

Tant est paré le rond terrestre, et rare sonne
Le bruit dans le champ ras, et le jour de l'automne
Est doucement chauffé par le soleil, les champs
Font une vue au loin, tandis que dans les branches,

Dans les rameaux, les airs soufflent un gai murmure ;
Quoique ensuite les champs s'échangent pour du vide,
Du clair tableau le sens est tout entier vivant,
Comme un tableau que nimbe une splendeur dorée.

Friedrich Hölderlin

L'automne

Arbre d'automne dans le vent, Egon Schiele, 1912,
huile sur toile, coll. Leopold, Vienne.

Quand reviendra l'automne avec les feuilles mortes
Qui couvriront l'étang du moulin ruiné,
Quand le vent remplira le trou béant des portes
Et l'inutile espace où la meule a tourné

Je veux aller encor m'asseoir sur cette borne,
Contre le mur tissé d'un vieux lierre vermeil,
Et regarder longtemps dans l'eau glacée et morne
S'éteindre mon image et le pâle soleil.

Jean Moréas
Stances

Enigme d'un après-midi d'automne, Max Ernst, d'après Giorgio di Chirico, 1924, huile sur toile, coll.part.

Oh ! laissez-moi ! c'est l'heure où l'horizon qui fume
Cache un front inégal sous un cercle de brume,
L'heure où l'astre géant rougit et disparaît.
Le grand bois jaunissant dore seul la colline.
On dirait qu'en ces jours où l'automne décline,
Le soleil et la pluie ont rouillé la forêt.

Oh ! qui fera surgir soudain, qui fera naître,
Là-bas, – tandis que seul je rêve à la fenêtre
Et que l'ombre s'amasse au fond du corridor, –
Quelque ville mauresque, éclatante, inouïe,
Qui, comme la fusée en gerbe épanouie,
Déchire ce brouillard avec ses flèches d'or !

Qu'elle vienne inspirer, ranimer, ô génies,
Mes chansons, comme un ciel d'automne rembrunies,
Et jeter dans mes yeux son magique reflet,
Et longtemps, s'éteignant en rumeurs étouffées,
Avec les mille tours de ses palais de fées,
Brumeuse, denteler l'horizon violet !

Victor Hugo
Rêverie

G. G.

Parc de Saint-Cloud, **Eugène Atget, 1924, photographie.**

Bientôt nous plongerons dans les froides ténèbres ;
Adieu, vive clarté de nos étés trop courts !
J'entends déjà tomber avec des chocs funèbres
Le bois retentissant sur le pavé des cours.

Tout l'hiver va rentrer dans mon être : colère,
Haine, frissons, horreur, labeur dur et forcé,
Et, comme le soleil dans son enfer polaire,
Mon cœur ne sera plus qu'un bloc rouge et glacé.

J'écoute en frémissant chaque bûche qui tombe ;
L'échafaud qu'on bâtit n'a pas d'écho plus sourd.
Mon esprit est pareil à la tour qui succombe
Sous les coups du bélier infatigable et lourd.

Il me semble, bercé par ce choc monotone,
Qu'on cloue en grande hâte un cercueil quelque part.
Pour qui ? – C'était hier l'été ; voici l'automne !
Ce bruit mystérieux sonne comme un départ.
(...)

Charles Baudelaire

Chant d'automne, **I**

La bouteille de vin, Juan Miró, 1924,
huile sur toile, Fondation Juan Miró, Barcelone.

Pris sous la griffe des vautours
Cœur meurtri que leur bec entame !
Vas-tu te plaindre d'une femme ?
Non ! je veux boire à ses amours !
Je boirai le vin et la lie,
O furie aux cheveux flottants !
Pour mieux pouvoir en même temps
Trouver la haine et la folie.

Dans mon verre entouré de fleurs
S'il tombe une larme brûlante,
Rassurez ma main chancelante
Et faites-moi boire mes pleurs.
Assez de plaintes sérieuses
Quand le bourgogne a ruisselé,
Sang vermeil du raisin foulé
Par des Bacchantes furieuses.

Pour former la chaude liqueur,
Elles n'ont pas, dans leurs victoires,
Déchiré mieux les grappes noires
Qu'elle n'a déchiré mon cœur.
Amis, vous qui buvez en foule
Le poison de l'amour jaloux,
Mon cœur se brise ; enivrez-vous,
Puisque la poésie en coule !

C'est dans ce calice profond
Que l'infidèle aimait à boire :
Puisqu'au fond reste sa mémoire,
Noble vin, cache-m'en le fond !
J'y jetterai les rêveries
Et l'amour que j'avais jadis,
Comme autrefois ses mains de lys
Y jetaient des roses fleuries !

Et vous, mes yeux, que pour miroir
Prenait cette ingrate maîtresse,
Extasiez-vous dans l'ivresse
Pour lui cacher mon désespoir.
Ces lèvres qu'elle a tant baisées
Me trahiraient par leur pâleur ;
Je vais leur rendre leur couleur
Dans le sang des grappes brisées.

Je noierai dans ce flot divin
Le feu vivant qui me dévore.
Mais non ! Elle apparaît encore
Sous les douces pourpres du vin !
Oui, voilà sa grâce inhumaine !
Et cette coupe est une mer
D'où naît, comme du flot amer,
L'invincible Anadyomène.

Théodore de Banville
L'invincible

VI

Tête de paysan, Kasimir Malevitch, 1928,
huile sur toile, Musée national russe, Saint-Petersbourg.

Voici déjà le temps où, dans la montagne, on voit tourbillonner les feuilles jaunies,
Montons en haut de cette tour, d'où la vue peut s'étendre au loin.
Du côté de la mer, des nuages gris allongent leurs formes déchirées ;
Partout c'est l'automne qui s'annonce à nos yeux attristés.

Les hordes tartares s'amoncellent aux frontières du Kobi.
Hélas ! voilà l'ambassadeur des Han qui revient par la porte de jade ;
Reviendront-ils un jour ceux que la guerre réclame !
Le parfum de la fleur se consume dans le vide ; sa tête se penche, elle dépérit.

Li Taï-pe
Pensées d'automne

Paysage d'automne (Repos en forêt), Natalia Gontcharova, 1930, huile sur toile, Galerie Tretïakoff, Moscou.

– Nul ne peut abolir que par un jour d'automne,
Moi qui t'étreins ici, je ne t'aie apporté
L'encens, la myrrhe et l'or de ta divinité,
Le beau sang d'Aphrodite et le sang de Latone.

Nul ne peut, lorsqu'Amour se fit chair, menacer
Ni verbe ni mutisme oublieux ou vivace.
Le rythme de deux cœurs frappe et marque la trace
De deux pas, sur le sol, sur le roc, du passé.

Que la mort, désormais, de ses mains maternelles,
T'épargne les douleurs de tes lointains hivers :
Le Temps même ne peut faire mourir un vers
Au chérissant esprit que penchent tes prunelles.

Comme au jour d'alliance où tu vins et pleuras
Sur nos destins épars, sur notre vie en cendres,
Ouvre sur moi tes yeux si tristes et si tendres :
J'enferme le bonheur tout entier dans mes bras.

Pierre Louÿs
Pervigilium mortis, III

Scène de chasse à courre, André Derain, 1935, huile sur toile, coll. Lévy, Musée d'art moderne, Troyes.

Lelia Caetani (Jeune femme dans un parc), Balthus, 1935
huile sur bois, coll. privée.

Mon âme vers ton front où rêve, ô calme sœur,
Un automne jonché de taches de rousseur,
Et vers le ciel errant de ton œil angélique
Monte, comme dans un jardin mélancolique,
Fidèle, un blanc jet d'eau soupire vers l'Azur !
Vers l'Azur attendri d'Octobre pâle et pur
Qui mire aux grands bassins sa langueur infinie
Et laisse, sur l'eau morte où la fauve agonie
Des feuilles erre au vent et creuse un froid sillon,
Se traîner le soleil jaune d'un long rayon.

Stéphane Mallarmé

Soupir

Garde champêtre chassant les étourneaux dans les vignes de Rhénanie, Georg Haeckel, 1930, photographie.

(...)
O Dieu ! je m'esbahis de la gorge innocente
Du bouc, qui tes autels à ta feste ensanglante ;
Sans ce père cornu, tu n'eusses point trouvé
Le vin, par qui tu as tout le monde abreuvé.
Tu avisas un jour, par l'espais d'un bocage,
Un grand bouc, qui broutoit la lambrunche sauvage,
Et tout soudain qu'il eut de la vigne brouté,
Tu le vis chanceller tout yvre d'un costé.
A l'heure tu pensas qu'une force divine
Estoit en cette plante, et bechant sa racine,
Soigneusement tu fis ses sauvages raisins,
En l'an suivant apres, adoucir en bons vins.
Tu montas sur un char que deux Lynces farouches
Trainoyent d'un col felon, maschantes en leurs bouches
Un frein d'Or écumeux ; leur regard estoit feu,
Pareil aux yeux de ceux, qui de nuict ont trop beu.
Un manteau Tyrien s'escouloit sur tes hanches,
Un chapelet de lis meslez de roses franches,
Et de feuilles de vigne et de lierre espars,
Voltigeant, ombrageoit ton chef de toutes pars.
Devant ton char pompeux marchoyent l'Ire et la Crainte,
Les peu-sobres Propos, et la Colere, teinte
D'un vermillon flambant, le Vice et la Vertu,
Le Somme, et le Discord, d'un corselet vestu.
(...)

Pierre de Ronsard
Hymne de Bacchus

Pages précédentes : *La Chambre d'écoute*, René Magritte, 1958, huile sur toile, don de Walter Haefner, Kunsthaus, Zurich.
Ci-contre : *Automne au Tonkin*, Paul Almasy, 1960, photographie

(...)

Oui, dans ces jours d'automne, où la nature expire,
A ses regards voilés je trouve plus d'attraits ;
C'est l'adieu d'un ami, c'est le dernier sourire
Des lèvres que la mort va fermer pour jamais.

Ainsi, prêt à quitter l'horizon de la vie,
Pleurant de mes longs jours l'espoir évanoui,
Je me retourne encore, et d'un regard d'envie
Je contemple ses biens dont je n'ai pas joui.

Terre, soleil, vallons, belle et douce nature,
Je vous dois une larme aux bords de mon tombeau ;
L'air est si parfumé ! la lumière est si pure
Aux regards d'un mourant le soleil est si beau !

Je voudrais maintenant vider jusqu'à la lie
Ce calice mêlé de nectar et de fiel :
Au fond de cette coupe où je buvais la vie,
Peut-être restait-il une goutte de miel !

Peut-être l'avenir me gardait-il encore
Un retour de bonheur dont l'espoir est perdu !
Peut-être, dans la foule, une âme que j'ignore
Aurait compris mon âme, et m'aurait répondu !...

La fleur tombe en livrant ses parfums au zéphire ;
A la vie, au soleil, ce sont là ses adieux :
Moi, je meurs ; et mon âme, au moment qu'elle expire,
S'exhale comme un son triste et mélodieux.

Alphonse de Lamartine

L'Automne

Chute (Automne), Jasper Johns, 1986,
encaustique sur toile, coll. de l'artiste.

Une châtaigne tombe
les insectes font silence
parmi les herbes

Boshô

Haiku

CHUTE DE GLACE

Idée originale : Matthieu Flory
Edition : Anne-Claire Meffre
Conception graphique, P.A.O. : Anne-Claire Meffre, Matthieu Flory
Relecture : Hélène Lassalle-Durand
Photogravure : G.C.S., Montreuil
Impression : Ferré Olsina, Barcelone

Remerciements :
Marie-Françoise de Montalembert, Ulrike Haussen

Crédits photographiques